AF243048

56085

M. L'ABBÉ LEFORT

DOYEN

DU CHAPITRE DE LA CATHÉDRALE

DE NANTES.

NANTES

IMPRIMERIE VINCENT FOREST ET ÉMILE GRIMAUD

PLACE DU COMMERCE, 4, A L'ANGLE DE LA RUE DE GORGES.

—

1871.

[illegible]

M. L'ABBÉ LEFORT

DOYEN

DU CHAPITRE DE LA CATHÉDRALE

DE NANTES.

NANTES

IMPRIMERIE VINCENT FOREST ET ÉMILE GRIMAUD

PLACE DU COMMERCE, 4, A L'ANGLE DE LA RUE DE GORGES.

—

1871.

Imprimatur.

Die 1ᵈ Martii, 1871.

ROUSTEAU,
Vic. gen.

M. L'ABBÉ LEFORT

M. Lambert-Marie Lefort, doyen du chapitre, naquit à Nantes, le 22 novembre 1793. Il fut le treizième de quatorze enfants. Son père, maître charpentier, était un de ces hommes qui acquièrent un nom honorable par le travail intelligent et la probité chrétienne. Un ami d'enfance du vénérable défunt faisait récemment en deux mots l'éloge de sa mère, Perrine-Reine Belliard : c'était une femme courageuse et dévouée, disait-il. Ces mots suffisent pour qui sait comprendre tout ce que renferme de mérite devant Dieu la tâche maternelle accomplie avec le courage et le dévouement qu'inspire la piété.

Les parents de M. l'abbé Lefort étaient, l'un et l'autre, originaires de Clisson, où leur mariage fut célébré dans l'église de la Trinité. La tempête révolutionnaire les avait chassés vers Nantes, comme beaucoup d'autres Vendéens, qui ne pouvaient plus trouver un asile dans leur malheureux pays dévasté par la guerre et l'incendie.

Le jeune Lambert-Marie était d'une complexion très-faible. Lorsque sa santé paraissait plus gravement compromise, son père et sa mère le conduisaient à Clisson, près de son aïeule maternelle. Malgré l'éloignement des temps, plusieurs personnes se souviennent des qualités heureuses qui se manifestèrent, dès le premier âge, dans cet enfant vraiment béni de Dieu. *Il était déjà ce que nous l'avons connu depuis, bon et pieux, aimé de tous, ne faisant de peine à personne :* tel est le témoignage que l'on recueille de la bouche de tous ceux qui ont connu M. l'abbé Lefort dans son enfance. Il avait reçu le don de porter la paix avec lui, et une des personnes qui l'ont connu plus familièrement à cette époque, raconte que ses petits camarades le prenaient pour arbitre de leurs différends. Du reste, on remarquait qu'en se prêtant de bonne grâce aux jeux des enfants de son âge, il conservait une certaine politesse et modestie qui ne laissait rien voir en lui de puéril. Dès cette époque, il annonçait la volonté très-arrêtée d'entrer dans l'état ecclésiastique vers lequel l'inclinait naturellement la piété vive dont il fut animé toute sa vie.

Les années d'enfance passées en grande partie à Clisson laissèrent de profondes traces dans l'âme de M. l'abbé Lefort. Cette petite ville, assise sur les coteaux de la Sèvre si gracieusement ornés par la main de Dieu de tous les charmes de la nature, riche en souvenirs religieux et historiques, demeura jusqu'à la mort chère au bon doyen. C'était pour lui le sol dépositaire des plus doux souvenirs de la famille. Sa mère y revint pour mourir, et depuis longtemps il y avait choisi lui-même le lieu de sa sépulture à côté de sa mère et de son aïeule.

Après les premiers éléments de l'instruction primaire, reçus en grande partie à Clisson, le jeune Lambert-Marie suivit, comme externe, les cours de latin au petit séminaire de Nantes. Quelques-uns de ses condisciples vivent encore ; ils répètent, pour le temps de ses études de latin, le même témoignage que lui rendent les amis de son enfance : « *M. Lefort, écolier,* disent-ils d'une voix unanime, *était ce qu'il fut toute sa vie, d'une bonté qui le rendait aimable à tous.* » Sa santé continuait à être fragile. Il fallait de temps en temps qu'il ranimât ses forces en allant respirer l'air pur des coteaux de la Sèvre. Ses études se ressentirent de cet état maladif. Une certaine lenteur d'esprit, qui pouvait tenir à la débilité de sa constitution, une défiance trop grande peut-être de lui-même ne lui permirent pas d'obtenir de succès dans ses classes.

Arrivé au grand séminaire, il fut un modèle de piété et de régularité ; son exquise bonté se révéla de plus en plus. Mais les mêmes obstacles qui avaient nui à ses progrès dans les humanités, entravèrent le cours de ses études théologiques. Ses supérieurs hésitèrent à l'appeler aux Ordres, et le vénérable abbé Morel, rigide observateur des règles canoniques, qui voulait que la piété chez le prêtre fût accompagnée de la science, se montra, pendant quelque temps, opposé à son ordination. Ce dut être une immense épreuve pour le jeune Lambert-Marie : il aspirait au sacerdoce de toutes les forces de son âme ; la suite de sa vie a bien prouvé que cette aspiration n'était qu'une fidèle correspondance à l'appel de la grâce ; et néanmoins, il voyait les hommes chargés de lui faire connaître la volonté de Dieu douter de son aptitude à l'état ecclésiastique.

Les personnes qui ont lu la vie de M. le curé d'Ars se souviendront qu'il eut à subir une semblable épreuve. On hésita aussi à l'admettre au séminaire, lui qui devait être un des prêtres les plus admirables de notre siècle et dont la vie devait se passer à exercer le ministère de la confession d'une manière vraiment prodigieuse. Dieu a coutume d'en user ainsi envers ses serviteurs. Quand il veut leur accorder de grandes grâces et les élever à la sainteté ou du moins à une vertu non ordinaire, il commence par les établir solidement dans l'humilité, en les abaissant et les humiliant devant les hommes.

Le souvenir du curé d'Ars nous est revenu à la mémoire en parlant de M. Lefort ; il y eut plus d'un trait de ressemblance entre ces deux âmes sacerdotales, humbles et pures, ressemblance qui se traduisait par des similitudes de langage. Le saint M. Vianney affectionnait le mot *pauvre ;* il parlait de sa *pauvre misère ;* il gémissait sur les nécessités que lui imposait son *pauvre cadavre.* Le bon M. Lefort faisait pareillement un fréquent usage de cette expression. Il avait fini par ne plus guère adopter au bas de ses lettres que cette formule : *votre pauvre serviteur, votre pauvre vieux serviteur ;* et, dans une note qu'il écrivait pour indiquer quelques dispositions relatives à sa sépulture, il exprimait sa reconnaissance pour ceux qui auraient la charité de s'occuper de son *chétif corps.* Chez M. Lefort, comme chez M. Vianney, la bouche parlait de l'abondance du cœur.

Monseigneur de Guérines, avec ce jugement sûr qui faisait de lui un administrateur si habile et si prudent à la fois, sut apercevoir les qualités précieuses qui se cachaient sous la faiblesse apparente du jeune Lefort : il se prononça en sa faveur et le promut au sacerdoce le 20 décembre 1823. M. Lefort était âgé de 30 ans.

Il était déjà, depuis trois ans, attaché au Secrétariat de l'Evêché de Nantes. Nous croyons que c'est à la même époque qu'il avait été adjoint à M. l'abbé Dauphin, pour l'aider dans les fonctions de sacriste à la cathédrale. Les souvenirs de ce temps sont quelque peu incertains; mais une chose demeura alors dans la mémoire, comme à toutes les époques de la vie de M. Lefort, c'est qu'il fut, dans la position obscure qu'il occupa à la fin de son séminaire, l'homme bon et complaisant par excellence. On se souvient aussi de la piété profonde avec laquelle il distribuait la sainte communion aux fidèles. Sa vue seule, le ton de sa voix étaient une prédication en l'honneur de la sainte Eucharistie.

Un trait, qu'il aimait à raconter encore dans ces dernières années, peint la simplicité et l'aménité de son caractère. Il demeurait chez son père, qui habitait rue de la Commune, ou rue Notre-Dame. Fidèle aux habitudes de toute sa vie, il se rendait de grand matin à la cathédrale. Le gaz n'éclairait pas les rues de Nantes, et le jeune abbé Lefort prenait une petite lanterne pour guider sa route. Il y avait alors un marché de légumes sur la place Saint-Pierre; on ne connaissait point les charrettes pour amener les provisions en ville, et les femmes des jardiniers apportaient les légumes et les fruits dans des paniers qui s'étageaient sur leur tête. Une opération fort difficile était de déposer à terre cette pyramide de paniers sans qu'elle éprouvât aucun dommage. Il fallait de toute nécessité recourir à l'aide plus ou moins empressée de quelque passant. Or, l'embarras était grand pour ces bonnes jardinières quand elles arrivaient à des heures trop matinales sur la place Saint-Pierre. Il n'y avait personne pour leur prêter assistance. L'excellent M. Lefort devint leur providence : il posait sa lanterne à terre et se mettait gracieusement à enlever les paniers et à les déposer avec précaution sur le pavé. Nous laissons à penser les expressions de simple et vive reconnaissance que le charitable abbé recevait de ses protégées en échange d'un pareil service.

Ce que nous savons, c'est que quarante ans après il souriait avec bonheur au souvenir des jardinières de la place Saint-Pierre, et de la haute estime qu'elles lui avaient vouée pour sa dextérité à les décharger de leurs paniers. On trouve dans la vie des saints plus d'un trait de charité naïve, qui rappelle cette conduite du bon doyen dans sa jeunesse.

Quelques semaines, quelques jours peut-être avant sa mort, M. l'abbé Lefort résuma toute sa vie ecclésiastique dans une note qu'il attacha à son portefeuille de bureau : « Je suis en-
» tré à l'Evêché, lisons-nous dans cette note, le 20 octobre
» 1820, d'abord comme pro-secrétaire, puis comme secré-
» taire, et j'en suis sorti le 4 août 1870. J'ai donc été attaché
» à l'Evêché 49 ans, 9 mois, 15 jours sous l'épiscopat de
» Nos Seigneurs les Evêques d'Andigné de Mayneuf, de Gué-
» rines, de Hercé, Jaquemet. Sous ce dernier, j'ai tra-
» vaillé pendant vingt années comme secrétaire (général)
» et vécu pendant ce temps dans son intimité. » Pour qui a connu M. Lefort, il n'est pas difficile de deviner les trésors de pieux souvenirs qu'il avait accumulés durant cette période d'un demi-siècle, dont il voulut consigner les dates principales par écrit, afin de les avoir sans cesse sous les yeux.

Il venait de recevoir la tonsure et les ordres mineurs, le 22 septembre 1820, quand il fit son entrée au secrétariat, sous l'épiscopat de Mgr d'Andigné de Mayneuf. Dans sa profonde humilité, il se mit sincèrement à la dernière place parmi ses confrères et ne songea qu'à devenir le serviteur dévoué de ceux avec qui il était en relation. Dieu lui accorda en récompense ce qu'il donne aux humbles, le privilége de gagner tous les cœurs ; et de plus on vit se révéler en lui, avec les an-nées, ce bon sens exquis, ce jugement sûr et droit, ce tact parfait de toutes les convenances et surtout cette merveilleuse délicatesse de cœur qui firent du vénérable doyen un des prêtres éminents du diocèse de Nantes.

Il reste peu de traces de son rôle à l'Evêché sous Mgr d'Andigné. C'était son début.

Mgr de Guérines, qui avait apprécié dès le commence-ment son modeste secrétaire, lui témoigna une affection et une confiance chaque jour croissantes. On voit, dans la corres-pondance de ce prélat, que M. Lefort était devenu, pour lui l'homme d'une amitié sûre, sur lequel il se reposait de mille détails de la vie intime ; comme il se confiait en l'activité infatigable et dévouée de M. l'abbé Vrignaud pour les soins de l'administration diocésaine.

Ce fut surtout durant sa dernière maladie que le vénérable Évêque témoigna son attachement à M Lefort. Il voulut l'avoir habituellement à ses côtés ; il lui dictait ses lettres et ses mandements ; avec lui il récitait le bréviaire et accomplissait ses exercices de piété. Jusque dans les derniers temps, M. Lefort se plaisait à rappeler ces souvenirs. Il racontait la fermeté d'intelligence et de cœur avec laquelle Mgr de Guérines, sur son lit de souffrances, continuait à régir le diocèse, dont il avait organisé l'administration ; et il conservait avec une profonde édification la mémoire des actes de vertu qui couronnèrent les derniers jours de son épiscopat.

Mgr de Hercé, qui succéda, en 1838, à Mgr de Guérines, hérita de son amitié pour M. Lefort. Nous en avons la meilleure preuve dans le choix que fit ce prélat, en le désignant pour son légataire et en le chargeant de remplir ses diverses intentions pour le bien du diocèse.

Ce n'étaient pas seulement les Évêques qui trouvaient dans le laborieux secrétaire un ami sûr et dévoué ; les prêtres qu'ils appelaient à partager les travaux de l'administration diocésaine avaient en lui le confrère le plus complaisant, le plus aimable ; aussi fut-il entouré par eux d'une affection singulière. Il faut nommer en particulier Mgr Angebault, Évêque d'Angers, qui appelait M. Lefort « son vieil ami » et conservait le souvenir le plus cordial du temps où ils avaient travaillé ensemble à l'évêché de Nantes.

Quelques lettres, écrites par M. l'abbé de Courson, de pieuse et vénérée mémoire partout où il fut connu, mais surtout dans notre diocèse de Nantes, expriment, mieux que nous ne saurions le faire, le caractère des relations que la charité et l'estime mutuelles avaient établies entre M. l'abbé Lefort et les membres de l'administration épiscopale. C'était à la fin de mars 1845 : M. de Courson avait été obligé de quitter Nantes, il était supérieur du séminaire d'Issy. « Je vous embrasse, à » cette veille de Pâques, écrivait-il à M. Lefort, en vous di- » sant *bonnes fêtes.* C'est ainsi qu'à Rome en agissent les amis » les uns envers les autres et cette coutume m'a ravi ; elle est

» pleine de foi et de charité. Bonnes fêtes donc à vous, cher
» Frère ; bonnes fêtes à tous nos Messieurs de la Cathédrale qui
» veulent bien m'aimer. Allez, de ma part, chez le Père
» Litout, mon vieil et si intime ami ; j'ai appris qu'il était, ou
» qu'il avait été malade. Embrassez-le pour moi très-cordiale-
» ment et dites-lui, en mon nom, *bonnes fêtes*. J'ai plaisir à
» vous confier cette commission de cœur ; vous la remplirez à
» merveille et à la lettre. »

Plus tard, au mois de janvier 1848, il adressait à M. Lefort
ce billet empreint d'une douce gaieté : « Merci de votre bonne
» petite lettre, mon cher ; merci à M. Dandé de vous avoir
» choisi pour secrétaire. J'ai bien la confiance que vous ne
» m'oubliez pas, surtout devant Dieu. Cette confiance est
» fondée sur votre cœur charmant et sur les besoins qui ré-
» sultent de ma position. Je reconnais que, pour ce qui
» m'est personnel, je ne mérite pas un souvenir. Veuillez of-
» frir de nouveau mes amitiés inquiètes à M. Dandé. Il est si
» malade aujourd'hui que je n'ose plus lui faire la guerre.
» Oh ! oui, que Dieu conserve ce trésor au diocèse de
» Nantes. »

L'excellent et judicieux abbé de Courson a vraiment dit le
caractère propre de M. Lefort dans ses relations intimes, en
l'appelant *un cœur charmant*. Il faut d'ailleurs reconnaître
que ce cœur charmant avait su attirer à lui non-seulement ses
confrères de l'Evêché, mais tous les prêtres du diocèse.
Pendant ses cinquante années de secrétariat, tous l'ont
connu et tous l'ont aimé. Les laïques qui venaient à l'Evêché
partageaient les sentiments des ecclésiastiques pour le secrétaire qui faisait à tous un accueil gracieux. Il n'y avait pas
jusqu'aux commissionnaires des paroisses qui ne fussent reçus
par lui avec affabilité, et ils lui témoignaient en retour l'affection
simple que les gens de la campagne conservent pour ceux
dont ils connaissent la bonté par une vieille expérience.

On n'a pas été sans remarquer que, dans la note commémo-
rative des dates de sa vie, M. Lefort, en mentionnant ses vingt
ans de secrétariat passés sous Mgr Jaquemet, avait ajouté :
J'ai vécu pendant ce temps dans son intimité. A l'arrivée
de ce prélat, il travaillait depuis vingt-neuf ans à l'Evêché. Malgré l'estime universelle dont il était environné, son humilité le
portait à se considérer toujours comme inutile. « Vous auriez

» grand tort, lui écrivit, à ce propos, M. l'abbé de Courson,
» de songer à quitter l'évêché en ce moment. Votre évêque a
» besoin de vous ; cette considération doit triompher dans votre
» âme de toutes les appréhensions, de toutes les répugnances,
» de tous les désirs d'une vie plus tranquille et plus retirée.
» Il vous suffit de savoir que vous êtes dans l'ordre de la Pro-
» vidence et de la volonté de Dieu. Vous avez affaire à un
» évêque excellent qui sera votre père et votre ami. Pénétrez
» hardiment dans ce cœur, et vous vous y trouverez parfaite-
» ment à l'aise. »

M. de Courson ne s'était pas trompé en prédisant à M. l'abbé
Lefort qu'il aurait dans son nouvel évêque un père et un ami.
Mgr Jaquemet reconnut vite le don que la Providence lui avait
fait dans la personne de son secrétaire, dont les qualités
précieuses, longtemps cachées sous des dehors humbles et modestes, avaient alors acquis toute leur maturité. Le bon prêtre,
de son côté, comprit le cœur de son évêque, et bientôt s'éta-
blit entre eux cette intimité qu'il eut soin de consigner dans sa
note, comme le meilleur souvenir de sa vie d'évêché.

Mgr Jaquemet nomma M. l'abbé Lefort secrétaire général.
Il était depuis dix ou douze ans déjà trésorier de la caisse
du séminaire, fonction qu'il a exercée pendant plus de trente
ans avec une sollicitude infatigable et l'intelligence parfaite
d'une œuvre qui est l'œuvre capitale d'un diocèse. Lorsqu'en
1857, le Prélat fonda la caisse des Missions décennales, c'est
aussi à M. Lefort qu'il confia la charge de trésorier. On sait
avec quel zèle il seconda les intentions de son Evêque dans la
création et le développement d'une œuvre destinée à assurer la
perpétuité des prédications de Retraites et de Missions qui, depuis le vénérable Père de Montfort, ont été un des moyens les
plus efficaces dont Dieu s'est servi pour maintenir la foi et la
piété au milieu de nos populations. Plus tard, l'admirable élan
du peuple chrétien donna naissance au Denier de saint Pierre.
On ne songea pas à confier à d'autres qu'à M. Lefort le soin de
recueillir et d'administrer les collectes diocésaines. Qui mieux
que lui aurait pu s'acquitter de cette charge qui souriait à son
amour pour le Souverain-Pontife et à son dévouement pour
l'Eglise ? Aussi Mgr Jaquemet, qui savait dans quel esprit il
s'occupait de cette œuvre, lui remettait, en 1866, ces quelques
lignes : « Nous accordons quarante jours d'indulgence à M.

» l'abbé Lefort, chaque fois qu'il s'occupera de l'œuvre sainte
» du Denier de saint Pierre. »

La comptabilité si étendue des œuvres diocésaines n'absor-
bait pas tout le temps de M. l'abbé Lefort. Il savait en réserver
pour la comptabilité du secrétariat qui lui était pareillement
attribuée, pour la surveillance de la maison épiscopale, le soin
des domestiques, toutes choses dont il s'acquittait avec une
bonté et une sollicitude qui ne pouvaient être inspirées que
par sa vertu et sa constante abnégation de lui-même. Mgr Jaquemet aimait à s'entendre avec lui pour le soulagement des
pauvres ; il trouvait en M. Lefort une charité compatissante pour
toutes les misères, une discrétion qui permettait de lui confier
les secrets des familles indigentes, une sage économie de l'aumône qui lui faisait, avec un tact remarquable, proportionner les
secours aux besoins et trouver le moyen de soulager une multitude de souffrances en répartissant les dons d'une manière intel-
ligente. « Il sait mieux faire l'aumône que moi, » disait quelquefois le bon Evêque, lorsque, cédant aux inspirations de sa
générosité, il s'apercevait qu'il avait dépassé les bornes que lui
aurait indiquées son cher aumônier, s'il l'avait consulté. Aussi
lui écrivait-il un jour : « Je m'en repose sur M. Lefort de la
» plus grande partie des aumônes à faire aux pauvres. Je le
» prie de dégager largement ma conscience sur ce point. »
Les registres du bon Trésorier sont là pour prouver que la
conscience de l'Evêque et celle de son aumônier ont été,
en effet, *largement dégagées* pendant les vingt années qu'ils
ont vécu ensemble.

Quand on réfléchit à cette multitude presque infinie d'occupations, au milieu desquelles s'écoulait chacune des jour-
nées de M. Lefort, on s'étonne comment il pouvait suffire
à ce travail incessant ; et pourtant il restait toujours convaincu qu'il était un serviteur inutile : si bien qu'en 1865,
au moment où il accomplissait sa quarante-cinquième année
de secrétariat, il se demanda ce qu'il avait fait jusque-là.
Mgr Jaquemet répondit à cette question par une lettre que
nous voulons citer tout entière. Rien ne saurait mieux peindre
ce qu'a été l'excellent M. Lefort, durant ses longues fonctions
de secrétaire :

« Mon cher ami,

» Voilà donc quarante-cinq ans que vous avez fait votre
» entrée au Secrétariat. Vous demandez : pendant ce long
» temps, qu'ai-je fait devant Dieu ? Je vais vous le dire :
» Vous avez donné à tous l'exemple d'une charmante mo-
» destie et d'une vraie humilité.
» Vous avez travaillé sans relâche, sans demander grâce,
» sans prendre de vacances.
» Vous avez facilité à tous l'accès de l'Evêché; vous avez
rendu les rapports faciles aux plus exigeants.
» Vous avez mis du baume sur toutes les blessures.
» Vous avez été l'ami de tous, quelque difficiles qu'aient été
» les caractères.
» Vous avez tenu une multitude de comptabilités très-di-
» verses, avec une exactitude admirable.
» Vous avez donné l'exemple de l'assiduité à tous les offices
» et à tous les exercices de piété, quoique toujours prêt à les
» quitter pour exercer la charité et la complaisance.
» Que dirai-je, enfin? Vous avez été l'appui, la consola-
» tion, la douceur de l'Evêque qui vous écrit, au milieu de
» ses tristesses, de ses maladies continuelles et de ses souf-
» frances.
» Dieu vous récompensera : il vous prépare une bonne pe-
» tite place dans son paradis. Je l'entends déjà vous dire :
» *Euge serve bone et fidelis, quia super pauca fuisti fide-*
» *lis, supra multa te constituam. Intra in gaudium Do-*
» *mini tui.* Mais, comme vous êtes un enfant d'obéissance, je
» ne veux pas que vous partiez encore. Vous avez plu-
» sieurs années à vivre, pendant lesquelles vous travaillerez à
» augmenter vos mérites.
» Je vous bénis, mon cher ami, avec une grande ten-
» dresse. »

L'estime de NN. SS. les Evêques pour M. l'abbé Lefort se ma-
nifesta par les titres honorifiques qu'ils lui conférèrent successi-
vement. Tout le monde applaudissait à des récompenses si jus-
tement méritées. Il n'y avait qu'un seul homme à s'en étonner,
c'était celui qui en était l'objet. Il ne comprenait guère comment on pouvait penser à lui pour l'élever aux dignités ecclésiastiques. Le **27** février **1838**, Mgr de Guérines, sur son lit de

mort, voulut donner une dernière marque de son affection à son dévoué secrétaire et le nomma chanoine honoraire de la cathédrale. Il fut installé, le 4 mars, premier dimanche de Carême. En 1851, une prébende devint vacante dans le Chapitre. Mgr Jaquemet, à la date du 31 août, conféra le Canonicat à M. Lefort, comme la juste récompense due au ministère laborieux qu'il avait rempli pendant trente et un ans. M. Lefort prit possession de la stalle canoniale, le dimanche 7 septembre.

Le 2 avril 1855, il fut nommé Grand-Chantre, en remplacement de M. l'abbé de Chalopin, et on n'a pas oublié avec quelle pieuse gravité il porta, pendant onze ans, le bâton cantoral. Enfin, en 1866, la mort du bon et vénérable M. Malenfant laissa vacante la dignité de Doyen du chapitre. L'affection et l'estime de tous avaient désigné son successeur au choix de Mgr Jaquemet. Voici le charmant billet qu'il écrivit à M. Lefort, à cette occasion : « Mon cher ami, je vous ai nommé Doyen » du chapitre. Fâchez-vous, mettez-vous en colère; vous n'y » pourrez rien; il faudra vous soumettre. Vous serez installé » le 4ᵉ dimanche de l'Avent. Adieu tendrement, *mon cher* » *Doyen.* »

Ce serait ici le lieu de rappeler la respectueuse et fraternelle affection qu'il porta à tous ses confrères du Chapitre, et la religieuse vénération qu'il témoigna à nos Evêques, jusqu'au jour de sa mort, si les exemples donnés par le Doyen sous ce rapport n'étaient pas encore présents à tous les esprits.

Nous avons essayé de raconter le *secrétariat* de M. l'abbé Lefort; il faudrait pouvoir dire tout ce que cette existence, semblable à elle-même, pendant cinquante ans, renferma d'actes de vertu. Mais, comment y réussir? Quand on traverse une prairie où se cachent les modestes fleurs que l'œil a peine à discerner et qui embaument l'air de leurs parfums, on emporte je ne sais quelle impression suave qui réjouit le cœur et les sens; essayez de cueillir ces fleurs, de les classer, elles vous échappent pour ainsi parler. Nous ne saurions guère trouver de comparaison plus juste pour exprimer le charme qu'on éprouvait dans les relations avec M. Lefort et la difficulté de le rendre par un récit.

Le vénérable Doyen fut, durant toute sa vie, profondément pieux. Il suffisait de le regarder au saint autel, durant les offices, dans ses stations solitaires à l'église, pour comprendre combien son âme allait à Dieu avec amour. Souvent, dans ces dernières années surtout, il se retirait au fond du chœur de la cathédrale, pour faire son action de grâces après la sainte Messe et son recueillement était admirable. A la suite de l'office canonial du soir, il demeurait à genoux à sa stalle et faisait une longue et fervente visite au Saint-Sacrement. Levé dès quatre heures et demie du matin, il ne manquait jamais à son oraison. L'examen particulier, la lecture spirituelle, le chapelet, tous les exercices qu'on enseigne et qu'on pratique au séminaire, furent scrupuleusement observés par lui jusqu'à sa mort. Malgré les occupations si nombreuses dont il était chargé, il trouvait toujours le temps d'assister au Chemin de la Croix, au Mois de Marie, aux Neuvaines et autres exercices qui se faisaient à la cathédrale. Nous ne croyons pas qu'il ait jamais manqué à faire chaque année une retraite de huit jours, soit chez les Pères jésuites, soit au grand séminaire. Son humilité lui faisait garder le plus souvent le silence; mais, quand il parlait de Dieu, sa parole avait un accent qui n'appartient qu'aux âmes éminemment pieuses.

A l'exemple des saints, M. Lefort fut austère dans sa vie, et ce qui ajoutait à son mérite, c'est que cette austérité était voilée par les dehors les plus aimables. Il jeûnait avec une exactitude et une rigueur que bien peu de personnes connaissent aujourd'hui. Il ne se bornait pas aux jeûnes de l'Église. Le moindre prétexte lui suffisait pour supprimer son déjeuner ou son souper; et nous sommes convaincu que, si l'on avait voulu additionner tous les jours où il découvrait d'excellentes raisons pour se borner à un seul repas, on aurait trouvé un total considérable dans le cours de l'année. Il ne buvait que de l'eau; jamais il ne goûtait de vin, ni d'autres liqueurs. Il observait rigoureusement l'abstinence du Carême, et l'année dernière encore, avec ses soixante-dix-sept ans, il ne songea pas un seul jour à faire usage des aliments gras.

Mais, selon nous, la grande austérité de M. l'abbé Lefort fut la constance avec laquelle il continua, pendant cinquante ans, sa vie laborieuse, sans jamais prendre de repos. Jusqu'à l'épiscopat de Mgr Jaquemet, c'est-à-dire jusqu'à l'âge de soixante ans, il se contenta d'une modeste chambre qui ne ressemblait pas trop mal à un large corridor, et il n'aurait pas même pensé à la quitter, si son Evêque n'eût voulu lui donner un appartement plus en harmonie avec sa position et avec ses relations. De même, avant que Mgr Jaquemet arrivât à Nantes, il n'avait fait qu'un seul voyage hors du diocèse, pour aller à Angers; et on a retrouvé parmi ses papiers le *Celebret* qui lui fut délivré en 1841 et qu'il avait conservé comme une pièce rare et inusitée pour lui. Ses grandes excursions s'étendaient jusqu'à Clisson, et encore fallait-il des circonstances extraordinaires pour qu'il passât trois ou quatre jours dans ce lieu de ses plus chers souvenirs.

Mgr Jaquemet lui fit faire quelques voyages à un âge où le désir des pérégrinations lointaines commence d'ordinaire à se refroidir. Il le conduisit plusieurs fois, soit dans sa famille, soit aux eaux des Pyrénées. Il ne pouvait choisir de compagnon de route plus dévoué, et dont le cœur sût mieux comprendre ses souffrances personnelles ou celles de ses proches, quand il allait les consoler de la perte de leurs enfants. La présence du bon M. Lefort était pour son Evêque le repos du cœur. « Je dois vous dire, lui écrivait-il un jour, pendant une de ses » courtes absences à Clisson, que vous nous manquez à tous » et surtout à votre pauvre petit Evêque qui vous aime si » tendrement. » Hors de Nantes comme à Nantes, le bon Doyen priait et travaillait; ses habitudes de vie laborieuse et pieuse le suivaient partout.

Il y eut un voyage qui fit pour lui exception à tous les autres : ce fut celui de Rome, en 1857. L'excellent M. Lefort trouva une immense consolation à visiter les tombeaux des saints apôtres, et à se prosterner aux pieds du Vicaire de Jésus-Christ. Aussi accueillit-il avec bonheur la pensée qu'eut Mgr Jaquemet de l'emmener comme représentant de son Chapitre, en même temps qu'il invitait à le suivre plusieurs ecclésiastiques appartenant aux divers ordres du clergé. M. Lefort fut durant ce voyage ce qu'il était partout et toujours, charitable pour ses compagnons de pèlerinage, se tenant humblement dans l'obscurité et recueillant dans une âme aimante les touchants souvenirs de Rome chrétienne.

Le vénérable Doyen fut pieux, mortifié, admirable d'abnégation et de régularité; mais il y eut chez lui une vertu qui domina toutes les autres, ce fut la bonté, si bien que tout le monde finit par l'appeler : le *bon M. Lefort,* le *bon Père Lefort,* et c'est le nom qui lui restera.

Le Doyen du Chapitre fut bon, en effet, de cette bonté laquelle n'appartient qu'à ceux qui ont bien appris la leçon que nous a faite le Sauveur d'être doux et humbles de cœur. Nous ne redirons pas comment Dieu avait pris soin de poser dans son âme la base de la vraie humilité, et comment sa vie tout entière fut la pratique de cette vertu. Constamment humble et oublieux de lui-même, il ne cessa d'être bon pour tous. Aussi recourait-on à lui de tous les côtés pour demander des services qu'il était toujours prêt à rendre. A chaque instant du jour, c'étaient des visites,. des demandes que d'autres auraient appelées des importunités. Mais il faisait si gracieux accueil aux visiteurs, qu'un de ses confrères ne savait mieux rendre sa facilité à se mettre à la disposition de tous, qu'en disant un jour aimablement : « M. Lefort a vraiment besoin qu'on le dérange. »

Nous nous reprocherions de ne pas mentionner spécialement les services nombreux qu'il rendit aux communautés religieuses du diocèse : elles avaient appris, par une longue expérience, la confiance qu'elles pouvaient mettre dans le bon Secrétaire de l'Evêché.

La bonté de M. Lefort se révéla, avec un caractère particulier, dans le ministère de la confession. Il se chargea d'abord de confesser les petits enfants de la Psallette. La correspondance de M. de Courson nous fait entrevoir dans quel esprit de suave charité il accomplissait ce modeste ministère : « Je vous recommande par-dessus tout nos chers enfants de la » Psallette, lui écrivait, en 1845, le vénérable supérieur de » Saint-Sulpice. Ce sont des prêtres en germe : soignez bien » leurs consciences... Soyez très-tendre père, mais aussi très- » ferme pour éviter les abus des sacrements. Pauvres enfants ! » mon cœur s'émeut quand je pense à eux... »

Ce prêtre, si humble, qui mettait son bonheur à confesser quelques petits enfants, à catéchiser quelques pauvres soldats, vit peu à peu des hommes de tout âge, de tout rang, frapper à sa porte et lui confier la direction de leurs consciences. Nous n'en sommes pas surpris. M. l'abbé Lefort avait la science des saints et cette parfaite bonté de cœur qui appelle la confiance. L'humilité et la charité avec lesquelles il embrassa le ministère de la confession nous sont révélées en partie par la correspondance intime de M. l'abbé de Courson, à laquelle on nous saura gré de faire de larges emprunts; elles furent vraiment admirables. Le bon Père s'effrayait un peu en voyant le nombre de ses pénitents s'accroître ; il de-

mandait conseil au digne Supérieur pour ne pas s'exposer à prendre une charge au-dessus de ses forces. Avec la merveilleuse discrétion qui le caractérisait, M. de Courson répondait aux questions que lui adressait M. Lefort, lui envoyait ses avis pour qu'il *pût donner une attention bien particulière à tous ceux qui composaient son troupeau.* Connaissant le cœur de son ami et devinant les fruits de salut qu'il était appelé à produire auprès des malades, il l'encourageait à se mettre tout entier à leur disposition : « Oh ! lui écrivait-il,
» il faut qu'alors, mettant notre confiance en Notre-Seigneur
» et nous dépouillant de toute crainte, nous allions à ceux
» qui nous demandent et même au-devant de ceux qui ne
» nous demandent pas. L'effrayante responsabilité ne doit plus
» nous arrêter ; il faut marcher avec un vif sentiment de cha-
» rité qui déborde dans de pieuses et cordiales exhorta-
» tions. »

Il était impossible que Dieu ne bénît pas un ministère exercé avec une si profonde défiance de soi-même et une charité si pure pour les âmes. Aussi le nombre des pénitents du vénéré Doyen ne fit que s'accroître avec la confiance qu'il inspirait et les bénédictions que Notre-Seigneur répandait sur ses travaux. Chaque semaine, chaque jour, on voyait des hommes s'adresser à lui pour la confession. Les veilles des fêtes, il passait une grande partie de la journée dans sa chambre, recevant les pénitents qui se succédaient sans interruption jusqu'à une heure souvent fort avancée de la soirée, accueillant avec la même charité les ouvriers, les pauvres, les hommes distingués par leur rang ou leur instruction, et puisant pour tous des paroles de paix, de consolation, d'encouragement dans le trésor inépuisable de sa bonté. Mgr Jaquemet, appréciant le bien qu'il faisait dans le tribunal de la pénitence, lui avait accordé des pouvoirs très-étendus pour la confession dans tout le diocèse.

Si les personnes qui recoururent à M. Lefort, comme confesseur, firent, plus que d'autres, l'expérience de sa bonté, elle ne manqua pas d'être expérimentée par tous ceux que la Providence mit en relation avec lui. Les familles de nos Evêques ont, en particulier, donné, dans bien des circonstances, les témoignages les plus explicites de l'affectueuse estime que leur avait inspirée le Secrétaire de l'Evêché de Nantes, si plein de tact et de délicatesse dans les rapports nombreux qu'il avait néces-

sairement avec elles. Nous en avons des preuves non équivoques dans la correspondance des familles de Mgr de Guérines et de Mgr de Hercé ; nous en trouvons l'expression plus marquée encore dans celle de la famille de Mgr Jaquemet. Cette honorable famille avait pu davantage apprécier les éminentes qualités de M. Lefort, durant les séjours que le vénérable Evêque avait faits au milieu d'elle et où il avait eu son fidèle secrétaire pour compagnon de voyage. Un des frères du Prélat écrivait récemment en apprenant la mort de notre cher Doyen : « Nous
» pleurons ce bon M. Lefort qu'à cause de ses éminentes
» vertus nous nous étions habitués à appeler le Père Lefort
» et qui était bien digne de ce nom. Nous ne pourrons jamais
» oublier sa profonde et constante affection et son inaltérable
» dévouement pour notre vénéré Frère. Il avait reporté sur
» tous les membres de notre famille une partie des sentiments
» qu'il avait voués à son saint évêque. Aussi sa mort est pour
» nous tous comme un deuil de famille. »

Nous n'aurions pas fait connaître toute la bonté de M. Lefort, si nous n'ajoutions quelque chose de l'affection qu'il portait à ceux que lui unissaient les liens du sang. Le vénéré Doyen était vraiment pour sa famille l'ange de Dieu, dont la présence était souhaitée et attendue comme une bénédiction, dont les prières sanctifiaient les joies de ses proches, et dont la tendresse toute sacerdotale consolait les larmes versées dans les jours de deuil. La correspondance de M. de Courson, à qui M. Lefort confiait les souffrances de son cœur dans les vides que la mort faisait autour de lui, nous laisse entrevoir ce qu'il était pour les siens dans ces moments d'épreuves : « J'avais appris, mon bon ami, la mort de votre petite-
» nièce, lui écrivait le Supérieur de Saint-Sulpice, en juin
» 1845. C'est un ange au ciel, et au milieu de ces séparations
» que Dieu vous fait subir, coup sur coup, vous devez avoir
» une douce consolation, c'est que tous ceux qui vous quittent
» ainsi, s'en vont au ciel bien droit, laissant après eux le par-
» fum qui excite l'âme de celui qui survit à l'espérance, la-
» quelle espérance est une jouissance anticipée. Aussi, nous
» demeurons en paix, attendant en toute patience l'heureux
» moment de notre propre transformation. » Mgr Jaquemet écrivait à son tour à M. Lefort, après un dernier deuil qui lui avait causé une peine profonde : « Je souhaite vivement que votre
» court séjour à Clisson soit un peu doux à votre bon cœur,

» au milieu des amertumes et des douleurs que vous laisse
» cette perte récente. Goûtez la joie de faire du bien à votre
» famille par votre présence. »

Tel avait vécu M. Lefort ; et il était arrivé jusqu'à un
âge déjà avancé, sans que la décadence, qui vient plus tôt ou
plus tard à la suite des années, fût commencée pour lui. Il avait
atteint soixante-dix-sept ans et on pouvait dire, suivant la parole du Psalmiste, que sa féconde vieillesse recevait des accrois-
sements nouveaux. Sa constitution, si débile dans sa jeunesse,
avait acquis, par une constante habitude de vie laborieuse et
austère, une fermeté que les années n'avaient point entamée.
Sa vue, quoiqu'un peu menacée, restait bonne. Sa voix était
encore forte et pure, quand il chantait les louanges de Dieu.
Sa plume traçait toujours des caractères avec netteté et élé-
gance. Les précieuses qualités de son âme avaient été lentes à
se développer ; mais elles semblaient, à raison même de cette
lenteur, avoir acquis une certaine *pérennité*, si nous pouvons
emprunter à la langue latine l'expression qui rend le mieux
notre pensée. La vieillesse du bon doyen était la maturité douce
et grave qui s'incline vers l'éternité, sans passer, comme il ar-
rive le plus souvent à notre pauvre nature humaine, par les
affaiblissements de la décrépitude. Et pourtant, je ne sais quel
pressentiment nous faisait entrevoir que la fin de son pèlerinage n'était pas éloignée. Peut-être son union plus grande avec
Dieu, sa bonté plus parfaite indiquaient-elles à ceux qui l'ap-
prochaient qu'il serait bientôt mûr pour le ciel.

Au commencement d'octobre 1870, il éprouva une crise su-
bite et violente qui annonça une affection grave du cœur, encore assez mal définie, mais de nature à inspirer de sérieuses
inquiétudes aux médecins. M. Lefort ne se fit pas illusion.
Il comprit que Notre-Seigneur l'avertissait de se tenir prêt. Il
avait été toute sa vie l'homme d'ordre par excellence ; il acheva
de tout disposer, de tout prévoir, de tout régler. On a même
retrouvé après sa mort un billet où il avait pris soin de réu-
nir les indications nécessaires pour la déclaration de son
décès.

Il se rendit encore une fois aux désirs de sa famille, en
allant prendre quelque repos à Clisson, où il trouvait auprès des siens l'hospitalité la plus aimante, les soins les
plus éclairés et les plus dévoués. Il y passa deux mois, que

nous dirions volontiers deux mois de recueillement et de sainte préparation au départ pour l'éternité, tant il apparaissait
de plus en plus uni à Dieu, humble et bon pour tous. Sa
grande privation était de ne pouvoir célébrer la sainte messe.
Le jour de la Toussaint, il put enfin remonter au saint autel,
et, le lendemain, il écrivait à un de ses confrères de Nantes ce
billet, l'un des derniers sortis de sa plume et où respirent sa
douce piété et son aménité toujours la même : « Un mot seu-
» lement pour vous dire tout mon bonheur. *Mon mauvais*
» *cœur*, ou plutôt Notre-Seigneur, a bien voulu me permettre
» de dire la sainte messe hier et aujourd'hui. Aidez-moi à
» l'en remercier...... Amitiés respectueuses à tous mes véné-
» rables confrères..... *Mon vilain cœur* se fatigue à vous
» écrire, mais il ne se lasse pas de vous aimer. »

Le 21 novembre, fête de la Présentation de la sainte Vierge,
où l'on a coutume, dans les séminaires, de renouveler les saints
engagements de la tonsure, M. Lefort écrivait encore ces quelques lignes, nouvelle et touchante expression d'une âme qui,
en demeurant fidèle aux pratiques pieuses de sa jeunesse,
compatissait à toutes les tristesses du présent, et ne pensait
qu'à faire le bon plaisir de Dieu jusqu'à la fin : « Moins fati-
» gué aujourd'hui et descendant du saint autel, je viens vous
» donner de mes nouvelles. D'abord, je veux vous prier de
» m'aider à remercier Notre-Seigneur du bonheur qu'il m'a
» accordé en me permettant d'aller, en le recevant, lui renou-
» veler mes promesses cléricales et le prier pour nos com-
» battants et nos pauvres frères morts à l'armée. J'ai pensé
» aussi à nos bons amis de Nantes et à toutes les personnes
» qui veulent bien ne pas m'oublier dans leurs prières. Je suis
» toujours reclus par ordre de mon docteur, et, quoique je
» sois heureux au milieu des miens qui rivalisent de bonté
» pour moi, je voudrais bien être à mon poste et à même de
» remplir mes devoirs ; mais le bon Dieu le veut ainsi, j'adore
» et me soumets à sa sainte volonté. »

Le 9 décembre arriva, c'était l'anniversaire de la mort de
Mgr Jaquemet. La mémoire du cœur était profonde chez
M. Lefort. *Il avait vécu pendant vingt ans dans l'intimité
de son Évêque*; il voulut être présent à son anniversaire :
c'était son devoir de doyen du Chapitre, de prêtre et d'ami. Il
revint à Nantes, quoique sa santé demeurât toujours compro-

mise. Il assista au service solennel de Mgr Jaquemet. La Providence lui avait ménagé cette dernière consolation.

Depuis ce jour, il put continuer, chaque matin, sauf une seule exception, à célébrer le saint sacrifice. Ses amis, ses fils spirituels revinrent autour de lui. Il les accueillit avec sa bonté ordinaire; il savait que désormais ils ne le verraient pas longtemps en ce monde. Le mardi, 20 décembre, il confessa encore dans l'après-midi ceux qui eurent recours à son ministère. Le soir, sans que rien annonçât une fin prochaine, il se mit au lit à l'heure accoutumée, en disant qu'il allait réciter le chapelet et attendre ainsi l'heure que le médecin lui avait prescrite pour prendre un remède. Vers une heure du matin, il appela avec précipitation; une crise violente de suffocation commençait. On accourut près de lui, et l'on put encore distinguer ces paroles : *Mon Dieu, que votre sainte volonté se fasse !* s'échappant à travers l'oppression qui l'étouffait. Son ancien confrère de l'Evêché et son ami, M. l'abbé Adolphe Dubois, qui habitait la même maison, eut la consolation de lui donner une dernière absolution et l'indulgence plénière *in articulo mortis;* et le bon M. Lefort s'endormit en paix dans le Seigneur.

Pendant deux jours, ses nombreux amis et les personnes qui vénéraient sa vertu se succédèrent dans sa chambre, pour prier et contempler la sérénité qu'il avait conservée sur son visage. Ce spectacle n'avait point la tristesse de la mort; on savait que, pour ce vénérable prêtre, c'était le sommeil qui précède la résurrection. Lorsqu'on le déposa respectueusement dans son cercueil, le jeudi soir, son corps n'offrait encore aucune trace de corruption.

Ses obsèques furent célébrées le vendredi matin à la cathédrale, au milieu d'une assistance nombreuse et d'une foule d'hommes de tous les rangs qui venaient acquitter un dernier tribut de reconnaissance et d'affection à celui dont ils avaient admiré la vertu et aimé la bonté. Mgr Fournier voulut honorer la mémoire du pieux doyen, en présidant à son trône la cérémonie funèbre et en faisant lui-même l'absoute solennelle. Quelques jours après, à la réception du premier jour de l'an, Monseigneur rendait un nouvel hommage à la mémoire de M. Lefort, en présence du Chapitre réuni, et rappelait que, par un privilége exceptionnel, il n'avait point eu d'ennemis et ne pouvait en avoir.

Après les obsèques terminées à la cathédrale, la famille et une députation du Chapitre conduisirent le corps à Clisson, selon les instructions laissées par M. Lefort lui-même. C'est en cette ville qu'il affectionna, au cimetière de Saint-Gilles, dans le tombeau de sa mère que sont déposés ses restes mortels. Heureux ceux qui pourront aller prier sur cette tombe gardienne de si purs souvenirs !

Il y a dans la sainte Ecriture un texte souvent cité et dont on a pu faire quelquefois une application banale aux défunts. Mais il nous semble que ce texte s'est vraiment réalisé dans le bon M. Lefort, comme en un petit nombre d'hommes privilégiés; et c'est en le citant à notre tour que nous terminerons cette courte notice : *Dilectus Deo et hominibus,... cujus memoria in benedictione est.* Il fut aimé de Dieu et des hommes et sa mémoire demeure en bénédiction.

Nantes. — Imp. Vincent Forest et Émile Grimaud, place du Commerce, 4.

BIBLIOTHEQUE NATIONALE DE FRANCE
3 7502 00611037 3